W0109873

Berggorillas

Zu Besuch bei unseren Verwandten

Anja und Andreas Klotz

Impressum

1. Auflage, Oktober 2010

Idee, Konzeption und Text: Anja und Andreas Klotz
Layout: Michael Hildebrand
Fotos: Alle Fotos wurden von Sigmund Göltz, Frank Hanel, Radmila Kerl, Andreas Klotz, Harald Lydorf, Michael Matschuck
und Detlef Neufang in Uganda aufgenommen. Bildnachweis auf Seite 50.
Druck: druckpartner Druck- und Medienhaus GmbH, Essen
Papier: „Für die Gorillas" gesponsert von SAPPI Deutschland GmbH

Herausgeber: TiPP 4 GmbH, Marie-Curie-Straße 15, 53359 Rheinbach, Tel. 02226 911799, E-Mail: mondberge@mondberge.com

Copyright © 2010 TiPP 4 GmbH, Rheinbach · Alle Rechte vorbehalten · ISBN 978-3-9812944-2-2

Der ganze oder teilweise Abdruck und die elektronische oder mechanische Vervielfältigung, gleich welcher Art, sind nicht
erlaubt. Abdruckgenehmigungen erteilt ausschließlich die TiPP 4 GmbH.

www.bluegreenprint.de

Vielen Dank für die Unterstützung des Mondberge-Projekts:

Hallo liebe Kinder,

wir finden Berggorillas toll und spannend!
Deshalb hatten wir die Idee zu diesem Buch,
um euch unsere „Verwandten" vorzustellen.

Mit ein paar Freunden waren wir mehrmals
in Afrika unterwegs und haben die Berggorillas
im Regenwald besucht.

Alle Fotos sind auf diesen Reisen entstanden.

Viele Kinder haben uns bei den Vorbereitungen des Buchs sehr geholfen,
gute Ideen gehabt, sich die Quizfragen ausgedacht, das Spiel ganz oft gespielt,
und vieles mehr ...

Uns hat es sehr viel Freude gemacht. Freunde, Familie und Geschäftspartner fanden
unsere Buch-Idee gut und haben uns unterstützt.

Wir hoffen, ihr habt Spaß beim Lesen und werdet auch Berggorilla-Fans ...

Anja und Andreas Klotz

Inhalt

macht mit

Wer sind die Berggorillas?

Berggorillas, zoologisch Gorilla beringei beringei, sind die größten Menschenaffen, die es gibt. Sie leben im Bergregenwald Afrikas in Höhen zwischen 2.000 und 4.000 Metern. Sie sind reine Pflanzenfresser.

Ein ausgewachsenes Männchen – ein Silberrücken – wird bis zu 1,70 m groß und kann bis zu 200 kg wiegen. Die Weibchen werden etwa halb so groß und wiegen auch nur zwischen 70 und 110 kg. Mit ungefähr 10 Jahren bekommen die Weibchen ihr erstes Baby.

Mit 5 Monaten fangen die Kleinen dann an zu laufen. Trotzdem werden sie mindestens 2 Jahre gestillt und erst nach 4 Jahren bekommen sie ein Geschwisterchen. Berggorillas sind liebevolle und fürsorgliche Eltern. Auch der starke Vater ist sehr geduldig mit seinen Kindern, wenn sie herumtoben.

Auch wenn Berggorillas manchem vielleicht groß und gefährlich erscheinen, so sind sie doch meist friedliche und ruhige Gesellen.

Berggorillas werden etwa 40 bis 45 Jahre alt. Sie wurden erst vor etwa 100 Jahren entdeckt und stehen heute leider auf der Roten Liste der bedrohten Tierarten.

Wo leben die Berggorillas?

Afrika ist ein riesiger Kontinent. Nur in den Ländern Uganda, Ruanda und der Demokratischen Republik Kongo gibt es Berggorillas. Etwa 400 von ihnen leben an den Virunga Vulkanen.

Die restlichen etwa 300 Tiere leben im Bwindi Impenetrable Forest in Uganda. Impenetrable Forest heißt auf deutsch undurchdringlicher Wald. Und genau das ist er auch, der Regenwald, in dem die Berggorillas leben.

Der Bwindi Nationalpark ist eine mit vielen Bäumen, Farnen, Disteln und dichtem Unterholz bewachsene Bergkette. Dort sind die Berggorillas geschützt und finden genug Nahrung.

Afrika

Tief im „Herzen" Afrikas leben die letzten 700 Berggorillas.

Bwindi
Uganda
Kongo
Ruanda
Virunga

9

Der Regenwald heißt Regenwald, weil es hier sehr oft und viel regnet. Dann sitzen die Berggorillas einfach da und lassen sich beregnen.

Sie sind sehr scheu. Nur wenige Afrikaner kennen die Berggorillas. Stellt euch das vor wie bei einem Luchs oder einem Wolf. Diese Tiere leben sehr zurückgezogen in manchen Wäldern Deutschlands. Aber habt ihr sie schon mal in freier Natur gesehen?

Vielleicht habt ihr schon mal einen Gorilla im Zoo gesehen. Das war allerdings ein Flachlandgorilla, ein Verwandter der Berggorillas. Denn Berggorillas gibt es in keinem Zoo dieser Welt. Würden sie sich dort überhaupt wohlfühlen?

Unser Besuch bei den Berggorillas

Um 8 Uhr morgens strahlt die Sonne vom Himmel. So ein Glück! Unser Führer Chris begrüßt uns und erklärt uns die Gorilla-Besuchs-Regeln (siehe Seite 17). Alle sind sehr gespannt, was wir heute wohl erleben werden?

Es geht los. Nach fünf Minuten sind wir im dichten, dunklen und feuchten Regenwald unterwegs. Pfade führen uns ständig bergauf und wieder bergab. Manchmal können wir auf schmalen Wegen gehen, meistens schlagen wir uns aber mitten durch dichte Farne und Büsche. Es ist sehr anstrengend.

Schon nach etwa einer Stunde macht uns Chris auf komische Rufe und Geräusche aufmerksam.
Nur noch einen steilen Berghang rauf und dann stehen wir ganz still da: Um uns herum im Gebüsch und über uns in den Bäumen bewegt sich was ...

Wir können die Berggorillas nicht gut sehen. Aber wir hören sie. Sie sind ganz nah.

Dann kommt plötzlich der Chef der Gorillagruppe, der Silberrücken. Er ist riesig. Allein dafür hat sich unsere Anstrengung schon gelohnt.

Doch kaum hat er sich uns kurz gezeigt, ist er auch schon wieder im Dickicht verschwunden.

Soll das alles gewesen sein?

Wir sehen keinen Berggorilla mehr. Chris zeigt uns,
dass wir den Hang wieder runter gehen sollen.
Unten kommen wir auf einen Weg.

Vielleicht zehn Meter rechts von uns sitzen
ganz still zwei Silberrücken und ein
Schwarzrücken (ein junges Männchen).
Sie interessieren sich überhaupt nicht
für uns. Wir flüstern ganz leise
miteinander, denn wir wollen die
Tiere ja nicht erschrecken.

Die ganze Situation ist so entspannt
und ruhig, dass einer der Berggorillas
sogar vor unseren Augen einschläft.
Wir hören ihn ganz leise schnarchen.

Es ist ein magischer Moment.
Wir stehen mitten im Regenwald,
beobachten leise diese sanften Wesen,
grinsen uns gegenseitig an – und sind
total glücklich.

Ein alter Silberrücken bleibt die ganze Zeit bei uns. Ab und zu steht er auf, geht ein kleines Stück weiter und setzt sich wieder hin. Wir gehen dann langsam hinterher, halten aber immer den Mindestabstand von sieben Metern ein.

Er schaut uns zwar mal kurz an, aber sein Interesse gilt mehr den Geräuschen des Waldes. Chris erklärt uns im Flüsterton, dass ganz in der Nähe eine andere Berggorilla-Familie ist. Die Laute, die wir hören: Schreien, Bellen, Rufen – das sind die Mitglieder aus den beiden Familien. Das ist alles sehr aufregend für uns. Es gibt aber auch noch ein anderes Geräusch. Wir müssen lachen. „Unser" Silberrücken muss zwischendurch immer mal wieder laut pupsen …

Chris flüstert: „noch 5 Minuten". Plötzlich kommen noch mehr Gorillas. Zuerst eine Mutter, die ein Baby auf dem Rücken hat. Und ein Jungtier. Unsere Besuchszeit ist fast um. Da kommt der große Silberrücken, das Familienoberhaupt, aus dem Gestrüpp auf den Weg. Der alte Silberrücken weicht vor ihm zurück, genau auf uns zu. Wir weichen auch zurück. Der „Boss" dreht sich zu uns, schaut uns an. Er kommt auf uns zu. Den Kopf hält er leicht schräg und er geht schnell. Bedrohlich? Nein. Keiner von uns hat Angst, wir sind begeistert.

Da wir uns ruhig verhalten, sieht er in uns keine Gefahr. Er geht weiter zu einem kleinen Bach, um zu trinken. Die Stunde ist um und wir müssen uns auf den Rückweg machen. Ein Besuch bei den Berggorillas ist ein unvergessliches Erlebnis …

Regeln für den Besuch bei den Berggorillas

- 1 Stunde Besuchszeit pro Tag

- Höchstens 8 Personen bei einer Gorillagruppe

- Nur gesund zu den Gorillas gehen

- Nicht rauchen bei den Gorillas

- Nicht essen und trinken bei den Gorillas

- Sich leise verhalten

- Einem Berggorilla nicht in die Augen schauen

- Berggorillas nicht berühren

- Ohne Blitz fotografieren

- 7 m Abstand zu den Tieren halten

- Keine Taschen bei den Tieren dabei haben

- Mindestalter 15 Jahre

Don't shit and pee in the forest!

Hände ...

Wie nah Berggorillas mit uns Menschen verwandt sind, könnt ihr vor allem an den Händen und Füßen sehen.

Berggorillas haben auch fünf Finger und fünf Zehen – wie ihr. Und die Fingernägel sehen euren sehr ähnlich. Findet ihr nicht auch?

Sie nutzen ihre Hände zum Greifen, zum Beispiel beim Fressen von Wurzeln und Blättern.

...und Füße

Auch die Füße
sind unseren
sehr ähnlich.
Nur der große Zeh
ist beweglicher,
deshalb können
Berggorillas
besser klettern
als Menschen.

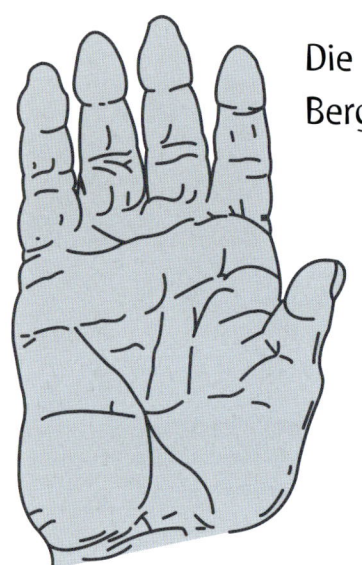

Die Hand eines
Berggorillas.

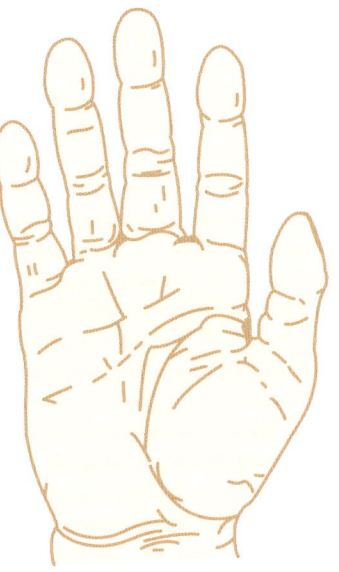

Die Hand eines
Menschen.

Vergleicht doch mal eure Hände
und Füße mit den Bildern.

Der Fuß eines
Berggorillas.

Der Fuß
eines
Menschen.

21

Was spielt ihr gerne?

Gorillakinder spielen gerne und viel. Vor allem in der Mittagszeit, wenn sich die älteren Familienmitglieder lieber ein bisschen ausruhen. Sie tollen und toben dann mit den anderen Gorillakindern herum.

Selbst die mächtigen Silberrücken spielen mit ihren kleinen Kindern. Sie dürfen sogar auf ihrem Vater herum turnen. Manchmal ärgern sie ihn auch, knuffen ihn – und rennen dann schnell weg ...

Auf Bäume klettern ist auch ein schönes Spiel. Dabei lernen die Gorillakinder zum Beispiel, wie schwer sie sind. Denn wenn der Ast zu dünn ist, fallen sie schon mal runter. Aber die Früchte oben in den Bäumen schmecken doch so lecker ...

Beim Spielen und Toben lernen
Berggorilla-Kinder viel. Genauso
wie ihr. Sie lernen natürlich auch
von den erwachsenen Gorillas.
Welche Pflanzen sie fressen
dürfen oder wie sie sich ein
Schlafnest bauen.

Ihr geht dafür in die Schule, die
Berggorilla-Kinder lernen durch
beobachten und ausprobieren.

Macht mit

Besorgt euch einen Bleistift und Buntstifte und legt los.
Auf den nächsten Seiten könnt ihr ein Bild ausmalen, ein
Zauberbild entstehen lassen (einfach mit einem Bleistift
drübermalen) und ein Zahlenbild vervollständigen.
Weiter hinten könnt ihr beim Quiz testen, ob ihr nun über
Berggorillas Bescheid wisst.

Viel Spaß!

Wieso sind wir verwandt?

Es wundert euch vielleicht, dass wir mit den Gorillas verwandt sein sollen.

Aber wir haben tatsächlich zu 98,4 Prozent gleiches Erbmaterial. Menschen und Menschenaffen hatten nämlich vor vielen Millionen Jahren die gleichen Vorfahren.

Bei den Berggorillas hat man ganz oft den Eindruck, sie sind wirklich fast wie Menschen. Sie verhalten sich ähnlich wie wir. Sie spielen, lachen, schmollen, wundern oder ärgern sich.

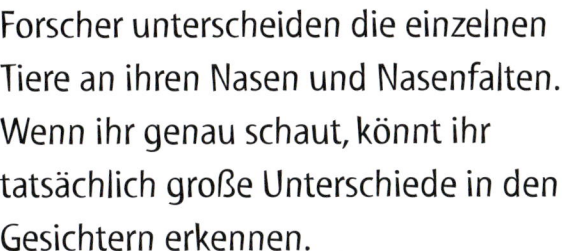

Forscher unterscheiden die einzelnen Tiere an ihren Nasen und Nasenfalten. Wenn ihr genau schaut, könnt ihr tatsächlich große Unterschiede in den Gesichtern erkennen.

Dieser Berggorilla schaut erst gelangweilt herum, dann entdeckt er etwas – und staunt.

Familienleben

Berggorillas leben in Gruppen, die auch Familie genannt werden. Das Oberhaupt einer Gruppe ist der größte, der älteste oder der stärkste Gorillamann, ein Silberrücken. Der „Boss" sagt, was gemacht wird, zum Beispiel schlafen, fressen oder weitergehen. Er passt auf seine Frauen und Kinder auf, beschützt und verteidigt sie.

Ein Jungtier geht zum alten Silberrücken und hält sich an ihm fest. Ist das nicht süß?!

Im Alter von 12 bis 15 Jahren werden die Haare auf dem unteren Rücken der Gorillamänner grau oder weiß. Das schimmert silbern, deshalb nennt man sie Silberrücken. Meistens gibt es nur einen in jeder Familie, denn ein Silberrücken duldet keine Konkurrenz. Die Weibchen sind alle seine Frauen und sie sollen nur seine Kinder bekommen.

Genau wie wir Menschen schlafen Berggorillas in der Nacht. Jeden Abend sucht sich die Familie einen Platz, an dem sich jedes Tier dann auf dem Boden ein Schlafnest aus Ästen und Blättern baut.

Babys und kleine Kinder schlafen bei der Mutter.

Gorilla-Babys bleiben die ersten 3 Monate ganz eng bei der Mutter. Sie trägt ihr Baby immer bei sich. Aber auch wenn sie später selber herumlaufen, bleiben sie immer nah bei der Mutter und dem Rest der Familie.

Durch verschiedene Gesten und Laute reden Berggorillas miteinander. Kreischen, Grunzen, Bellen, Lachen – so hören sich Sachen an, wie zum Beispiel: „Achtung! Gefahr." Oder: „Mir geht es gut."

Gefahren für die Berggorillas

Die einzigen natürlichen Feinde der Berggorillas sind Leoparden. Allerdings sind sie nur für die Kinder eine Gefahr, und es gibt nur noch wenige Leoparden. Der Silberrücken passt auf seine Kinder gut auf und beschützt sie.

Die größte Gefahr ist der Mensch! Der Lebensraum der Berggorillas, der Regenwald, wird durch Menschen immer kleiner. Sie holen Holz, um Feuer zu machen – zum Beispiel zum Kochen. Auf dem Foto seht ihr wie ihre Felder direkt bis an den Regenwald heran reichen. Wilderer legen Fallen, um kleine Gazellen und Antilopen zu fangen. Leider geraten auch manchmal Berggorillas hinein und können sich dabei schlimm verletzen.

Und dann gibt es noch Bodenschätze in den Wäldern, die viele Menschen abbauen möchten, zum Beispiel Gold und Coltan. Coltan ist ein Rohstoff, der zum Bau von Handys gebraucht wird. Deshalb werden die Gorillas vertrieben.

Seit vielen Jahren gibt es in einem Gebiet, in dem Berggorillas leben, Krieg. Auch dadurch kommen Berggorillas ums Leben.

Gorillas können durch Krankheiten sterben, die von Menschen übertragen werden. Eine kleine Erkältung ist für uns nicht schlimm, für einen Berggorilla kann sie tödlich sein.

Zum Schutz der Berggorillas

Was kann man tun, um Berggorillas zu schützen?

Hast du eine Idee?

Wir haben uns mit einigen Kindern Gedanken gemacht und sind auf Folgendes gekommen:

- ✘ Nationalparks gründen
- ✘ Den Menschen vor Ort helfen
- ✘ Gorillatourismus
- ✘ Aufklärung der Bevölkerung
- ✘ Verbesserte Ranger-Ausbildung und -Ausrüstung
- ✘ Andere informieren
- ✘ Spenden
- ✘ Gorilla-Hospital
- ✘ Forschung
- ✘ Sich für Berggorillas engagieren
- ✘ Handys wiederverwerten

Berggorillas brauchen den Regenwald zum Leben! Um sie zu schützen, muss der Regenwald erhalten bleiben. Den Menschen vor Ort können wir helfen, damit sie den Regenwald nicht zerstören müssen.

Wenn der Regenwald geschützt wird, bedeutet das auch, dass unser Klima geschützt wird.

Von Klimaschutz habt ihr sicher schon mal gehört. Wenn wir das Klima schützen, helfen wir damit am Ende auch uns selbst und allen Menschen.

Berggorilla-Quiz

1 Welches Säugetier ist die größte natürliche Gefahr für die Berggorillas?

⭕ Tiger
⭕ Känguru
⭕ Leopard

2 Wie schwer werden weibliche Berggorillas?

⭕ 70 bis 110 kg
⭕ 1 kg
⭕ 500 kg

3 Wie alt werden Berggorillas?

⭕ 5 Jahre
⭕ 120 Jahre
⭕ 40 bis 45 Jahre

Berggorilla-Quiz

4 Wie viele Berggorillas gibt es noch weltweit?

○ ca. 150

○ ca. 700

○ ca. 7.000

5 Was ist zu tun, wenn ein Silberrücken aggressiv wird?

○ laut kreischend wegrennen

○ den Gorilla angreifen, um ihn einzuschüchtern

○ sich möglichst klein machen und ihm nicht in die Augen schauen

6 Wie lautet der korrekte zoologische Name für den Berggorilla?

○ Gorilla beringei beringei

○ Gorilla spiegelei spiegelei

○ Gorilla schwarz schwarz

Die Auflösung findet ihr auf Seite 50.

Berggorilla-Quiz

7 Welche Augenfarbe haben die Berggorillas?

○ blau

○ orange

○ grün

8 Wie schwer wird ein männlicher Berggorilla?

○ 200 kg

○ 50.000 kg

○ 10 kg

9 Wie oft bauen Berggorillas in einer Woche ein Nest?

○ 2-mal

○ 4-mal

○ 7-mal

Berggorilla-Quiz

10 Wie nennt man einen ausgewachsenen männlichen Berggorilla?
- ◯ Goldstreifen
- ◯ Schwarzfuß
- ◯ Silberrücken

11 Wo leben Berggorillas?
- ◯ Regenwald
- ◯ Steppe
- ◯ Wüste

12 Wie lange darf man Berggorillas an einem Tag besuchen?
- ◯ 15 Minuten
- ◯ 1 Stunde
- ◯ 4 Stunden

Die Auflösung findet ihr auf Seite 50.

Na, schon mal gesehen, was der hier macht?
Kommt euch das bekannt vor?

Ob im Kindergarten, im Auto an der Ampel – oder im Regenwald –
manches ist wirklich überall gleich ...

Wir wollen natürlich auch helfen. Aber wie?

Dieses Kinderbuch ist Teil des Mondberge-Projektes.
Schaut mal auf unsere Internetseite: www.mondberge.com

Es gibt auch noch einen Fotobildband, eine DVD, Poster, Lesezeichen, Postkarten und eine Live-Multivisions-Show. Mit dem Verkauf dieser Produkte unterstützen wir Hilfsprojekte in Uganda. Unser Ziel ist es, viele Menschen über diese faszinierenden Tiere zu informieren und dafür zu begeistern – um damit helfen zu können.

Der Verein „Berggorilla & Regenwald Direkthilfe e.V." ist unser Partner, der sich schon seit Jahren für den Schutz der Berggorillas einsetzt.

Im Internet findet ihr noch viel mehr: www.berggorilla.de

Die verschiedenen Hilfsprojekte werden immer so ausgesucht, dass auch die Menschen in Uganda davon profitieren – ganz besonders natürlich die Kinder.

Bildnachweis

Vielen Dank an das Mondberge-Fotografen-Team!
Sigmund Göltz: 10 o., 42 o.; Frank Hanel: 6, 31 l. o.,
31 l. m., 31 l. u., 40 o., 41 o., 48, 49 o., 49 u.; Radmila
Kerl: 3, 11 o., 15 o. l., 15. o. r., 18 o., 18 u., 21 r., 29,
30 o. l., 30 o. r., 33 u., 43 o., Umschlag Rückseite;
Andreas Klotz: Titelseite, 4, 5, 7, 8, 9, 10 u., 13, 14, 16,
19, 20, 22, 24, 30 u., 31 r., 32, 33, 34, 35, 36, 37,
39, 40 u., 41 u., 42 m., 42 u., 43 m., 43 u., 44, 45 o.,
45 u., 52; Harald Lydorf: 12; Michael Matschuck: 23;
Detlef Neufang: 38, 45 m., Puzzle;

Quiz-Auflösung

1 Leopard; **2** 70 bis 110 kg; **3** 40 bis 45 Jahre;
4 ca. 700; **5** sich möglichst klein machen und ihm
nicht in die Augen schauen; **6** Gorilla beringei
beringei; **7** orange; **8** 200 kg; **9** 7-mal (jede Nacht
ein neues Nest); **10** Silberrücken; **11** Regenwald;
12 1 Stunde

Danke

Wir möchten uns an dieser Stelle bei allen ganz herzlich bedanken, die uns mit Rat und Tat zur Seite gestanden haben. Nur so konnte dieses Buch genau so werden ...

Bei unseren Kindern Tim und Jenny, die so viel Interesse an dem Thema Berggorillas zeigen. Bei Michael Matschuck – ohne ihn und die Druckerei druckpartner gäbe es dieses Buch ganz sicher nicht. Er war sofort total begeistert und hat auch gleich viele richtig gute Ideen mitgebracht. Die Firma Sappi hat das Papier für dieses Buch gespendet. Die Firma NighTec hat den nachtleuchtenden „Glow-rilla" ins Buch geklebt. Mit dem Reiseveranstalter Wigwam waren wir vor Ort in Uganda.

Michael Hildebrand hat kreativ die Seiten gestaltet und die Bilder alle perfekt bearbeitet. Larissa Dreist zeichnete das Ausmal- und das Zahlenbild und entwarf die Gorillafigur.

Angela Meder vom Verein „Berggorilla und Regenwald Direkthilfe e.V." hat uns mit ihrem fachlichen Wissen über Berggorillas beraten.

Während der „Afrika"-Projekttage des Städtischen Gymnasiums Rheinbach durften wir 15 Kinder in den Bann der Berggorillas ziehen. Mit ihnen gemeinsam haben wir viele der Inhalte dieses Buches erarbeitet. Sie haben sich das Quiz ausgedacht und maßgeblich zur Entwicklung des Spiels beigetragen.

Unsere ganze Familie und viele Freunde haben sich im Vorfeld alles angeschaut, Korrektur gelesen und jede Menge gute Tipps gegeben.

Anja und Andreas Klotz